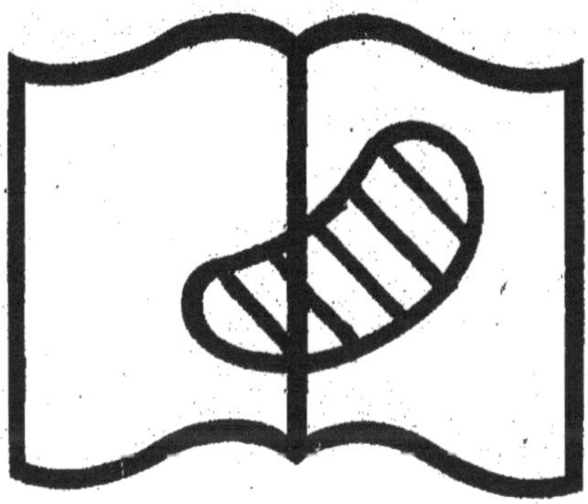

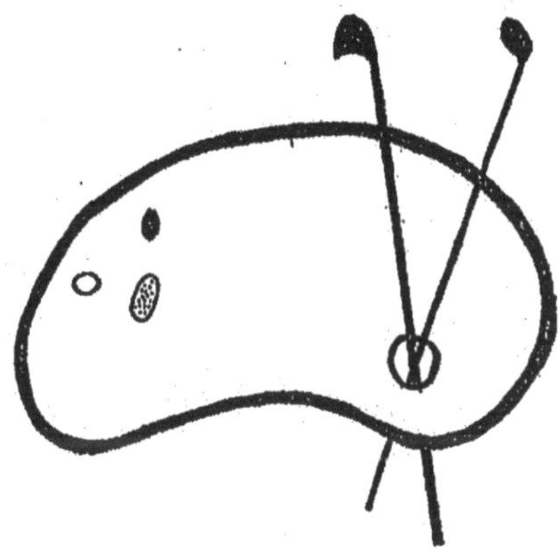

ESSAI
SUR LES BOIS
DE
CHARPENTE.

DISSERTATION

DE LA COMPAGNIE

DES ARCHITECTES

Experts des Bâtimens à Paris,

EN RÉPONSE au Mémoire de M. PARIS DU VERNEY, Conseiller d'Etat, Intendant de l'Ecole Royale Militaire, sur la Théorie & la Pratique des gros Bois de Charpente, dans leur exploitation & dans leur emploi.

Rédigée par MM. BABUTY DESGODETZ & LE CAMUS DE MEZIERES.

A PARIS,

Chez BABUTY, Fils, Libraire, Quai des Augustins, à l'Etoile.

M. DCC. LXIII.

Avec Permission.

COPIE
DE
LA LETTRE

DE Monſieur PARIS DU VERNEY, Conſeiller d'Etat, Intendant de l'Ecole Royale Militaire,

A Meſſieurs les Architectes-Experts des Bâtimens, adreſſée à M. CHAUVEAU, en date du 14 Août 1762.

MESSIEURS,

LE Conſeil de l'Ecole Royale Militaire a appris, avec bien de la ſatisfaction, que votre zéle pour le bien public, vous a fait accueillir le Mémoire que je vous ai adressé de sa part, concernant les poutres de l'Hôtel de l'Ecole Militaire, & l'emploi des gros bois en général, & que vous vous porterez de bon cœur à donner toutes les instructions, que l'on doit attendre de vos connoissances & de votre expérience sur cet objet, également intéressant pour le public & pour le Particulier.

Le Conseil s'apperçoit bien que les questions présentées au Mémoire, pourroient fournir la matiere d'un Traité utile à la Nation & digne de vous; mais craignant d'un côté, qu'un ouvrage de cette importance n'exige plus de tems que vos occupations ne vous permettent d'en donner; & de l'autre, que la longueur de l'ouvrage ne retarde trop le renouvellement des poutres de l'Hôtel, qui paroît urgent en plusieurs parties, le Conseil m'a chargé de vous prier de sa part, de vouloir bien réunir vos avis sur les questions proposées, & les rédiger à chaque article en marge du Mémoire, pour mettre le Conseil en état de faire procéder au remplacement des poutres de l'Hôtel.

J'ai l'honneur d'être avec des sentimens respectueux.

MÉMOIRE A CONSULTER.

MESSIEURS,

LES inconvéniens qui résultent de l'emploi des gros bois, & dont depuis long-tems on a ressenti les effets dans la marine & dans les édifices de quelqu'importance, tels que les Châteaux de Compiégne & Versailles, le Grenier à sel de Rouen, la Chambre des Comptes de Paris, les Enfans-Trouvés, & plus récemment à l'Ecole Militaire, semblent mériter que ceux qui, par état doivent s'occuper de la solidité des constructions, cherchent à découvrir les causes du prompt dépérissement des gros bois, & les moyens, du moins les plus apparens, pour se garantir de ces inconvéniens, & des dépenses qu'ils entraînent.

Personne n'ignore que les Vaisseaux construits depuis cinquante ans, sont d'une beaucoup moins longue durée, que ceux que l'on construisoit auparavant.

Neuf ans après les ouvrages faits à Compiégne, on fut obligé d'y renouveller quarante poutres.

Lors de la coupe de la Forêt de Chambord, les bois parurent si beaux, qu'on jugea convenable d'en conserver pour les besoins à venir, d'en faire des approvisionnemens, & d'en envoyer en différens départemens des Bâtimens du Roi; il en fut envoyé à Versailles, où on fit des angards pour les mettre à couvert, & les conserver; quelques années après il en fut fait emploi en poutres dans l'appartement de la Reine; quatre ans après l'emploi, on trouva ces poutres totalement pourries,

& on fut obligé d'en ſubſtituer de nouvelles.

Depuis la réconſtruction de la Chambre des Comptes, on a été obligé de renouveller une partie des poutres ; on croit même qu'il y en a quelques-unes qui ont été renouvellées plus d'une fois.

Le même accident eſt arrivé aux Enfans-Trouvés de Paris, à Rouen & à pluſieurs autres endroits; & aujourd'hui nous voyons à l'Ecole Royale Militaire, que de 233 poutres de différentes longueurs & groſſeurs qui y ſont employées, il y en a 123 qui ſont pourries dans leurs portées ſur les murs ; les unes dans partie de la longueur des portées ; les autres, au-delà de l'épaiſſeur des murs ; que quelques-unes de ces poutres ne ſont pourries que d'un ſeul bout ; & les autres, des deux, quoiqu'elles soient saines dans le surplus de leur longueur, si on en excepte quelques-unes qui sont échauffées presque dans toute leur longueur.

Outre ces 123 poutres, il y en a 56 qui sont viciées & endommagées par des noyaux de pourriture, plus ou moins considérables & de différentes longueurs; de sorte que des 233 poutres, il n'y en a que 54 qui ayent été reconnues saines, par les différentes sondes qui y ont été faites, quoiqu'elles eussent toutes paru très-saines & de très-bonne qualité, lors de l'emploi & du choix qui en fut fait.

Des objets aussi frappans & aussi importans ayant attiré l'attention du Gouvernement, & déterminé Monsieur le Contrôleur Général à demander l'avis des Grands-Maîtres des Eaux & Forêts, & même des Maîtres de Forges, ſur les cauſes du prompt dépériſſement des gros bois, & les moyens propres à l'empêcher, ou du moins à en arrêter le progrès; & le mal étant un mal commun qui, en intéreſſant l'Etat, intéreſſe auſſi les Particuliers, par les dépenſes que leur occaſionnent les changemens & renouvellemens de poutres dans l'intérieur, & de poitraux à la face de leurs maiſons; il paroît bien convenable que ceux auxquels le ſoin de ce renouvellement & de ces dépenſes eſt confié, indiquent les moyens de les éviter. Les lumieres & les connoiſſances que vous avez acquiſes, Meſſieurs, ſur la nature & la qualité des bois, par l'emploi que vous en avez fait faire, vous mettent en état de satisfaire à ce que l'intérêt public & particulier exige de vous, & que l'on doit attendre de votre zéle.

NOTA. *On a satisfait aux questions suivantes, en répondant sous leurs mêmes Numeros dans la Dissertation.*

I.

ON demande, Messieurs, si tous les bois de Chêne (il n'est pas question ici des autres espéces de bois) sont propres à employer en poutres, poitraux & autres grosses piéces de charpente.

II.

SI la qualité du terrein n'influe pas nécessairement sur la qualité du bois qu'il a produit.

I I I.

S'il eſt indifférent pour la qualité du bois, qu'il ait été produit dans un terrein pierreux, ſabloneux, marécageux, ou dans un terrein gras ou terres fortes. Si dans le choix que l'on fait des bois, on ne doit pas avoir égard à la qualité du terrein; & quel eſt celui auquel on doit donner la préférence?

I V.

Si les bois crûs dans des fonds de Forêts ſont auſſi bons que ceux des rives.

V.

Quel âge le bois doit avoir pour être bon à employer en groſſes piéces, ſans être débité.

V I.

S'IL n'y a pas d'inconvénient d'employer des bois avancés en âge, & que l'on nomme bois sur le retour; & si ces bois, par l'inaction de la seve, ne sont pas sujets à être viciés dans le cœur, & si le germe de ce vice une fois admis, il n'est pas à craindre qu'il ne fasse des progrès après que le bois sera coupé, & lorsqu'il sera employé.

V I I.

S'IL est indifférent de couper les bois dans toutes les saisons de l'année.

V I I I.

SI on pense que la seve de l'arbre soit également abondante dans toutes les saisons de l'année.

I X.

Si cette ſeve plus ou moins abondante, au tems de la coupe, peut devenir un germe de corruption dans les bois coupés & employés?

X.

Si, en laiſſant les bois ſans les employer pendant pluſieurs années, après qu'ils ont été coupés & équarris, on peut eſpérer que leur ſeve & leur humide s'évaporeront, & que leur deſſechement les garantira de la corruption?

Nota. *Le contraire eſt prouvé par l'exemple des poutres provenantes de Chambord, employées à Verſailles dans l'appartement de la Reine, puiſqu'elles avoient été gardées ſous des angards.*

Un

Un Particulier ayant trouvé dans un Château, dont il avoit nouvellement fait l'acquisition, plusieurs poutres que l'on y conservoit à couvert sous des angards depuis plusieurs années, ayant voulu en faire usage pour les bâtimens qu'il faisoit construire, trouva toutes ces poutres tellement gâtées & pourries dans le cœur, quoiqu'elles parussent bonnes, & qu'elles fussent très-dures à l'extérieur, qu'il fut réduit à les faire debiter en chevrons.

X I.

En supposant que l'évaporation se fasse, & que le dessechement puisse garantir de la corruption, on demande combien il faut de tems pour que le dessechement soit parfait, ou du moins suffisant, pour qu'il ne reste plus d'inquiétude ?

NOTA. *Quelques Charpentiers prétendent qu'une piéce de bois de 18 à 20 pouces d'équarriſſage, n'eſt pas ſeche dans le cœur après dix ans.*

XII.

NE ſeroit-il pas avantageux de cerner les arbres par le pied, plusieurs mois ou même une année entiere, avant que de les couper ? Cette opération, en empêchant l'action d'une nouvelle ſeve, n'occaſionneroit-elle pas l'écoulement de l'ancienne & d'une grande partie de l'humide qui ſe trouveroit dans l'arbre, au moment qu'il ſeroit cerné ?

NOTA. *C'eſt le ſentiment de Vitruve.*

XIII.

Si on convient que la ſeve eſt preſque toujours le germe de la corruption intérieure des gros bois, & que l'on ſoit convenu qu'elle ſoit moins abondante dans une ſaiſon que dans l'autre, ne doit-on pas convenir auſſi que l'on ne devroit couper les bois, que lorſque la ſeve eſt moins abondante, & qu'alors le germe de corruption étant moins conſidérable, les progrès du dépériſſement ſeroient plus lents ?

XIV.

L'Ordonnance des Eaux & Forêts fixe le tems pour la ceſſation de la coupe des bois, tant de futaye, que taillis, au 15 Avril; elle ne fixe point le tems auquel on doit commencer la coupe ; mais il eſt fixé par l'uſage au 15 Septembre. On demande ſi cette fixation n'eſt pas trop étendue, ſi au 15 Septembre la ſeve eſt déja aſſez retirée ou aſſez amortie, pour qu'il n'y ait plus rien à craindre de ſes effets, & ſi au 15 Avril elle n'a pas déja aſſez d'activité, pour qu'elle nuiſe à la qualité des bois qui ſeront coupés dans ce tems ?

X V.

On demande s'il ne ſeroit pas de la ſageſſe du Gouvernement de reſtraindre le tems de la coupe des bois, & de le fixer depuis le 15 Novembre juſqu'au 15 Février, tems auquel la ſeve de tous les bois ne paroît pas avoir une grande activité ?

X V I.

On vous demande encore, Meſſieurs, ſi, en employant des poutres ou autres groſſes piéces de charpente, dont les bouts ſont portés ſur les murs, il ne ſeroit pas convenable d'en laiſſer les extrémités à découvert, afin que l'air agiſſant ſur la longueur de ces différentes piéces, dont il chaſſe l'humide vers ces extrémités, il ne ſe trouve point d'obſtacle à l'évaporation ; car nous ſommes forcés de croire que l'air qui agit ſur une piéce de bois, fait à peu près le même effet que le feu, qu'il en chaſſe l'humide vers les extrémités, & que ſi ces extrémités ne ſont pas expoſées à un air libre, qu'elles ſoient au contraire renfermées dans le corps des murs, il n'y aura point d'évaporation ; & qu'alors cet humide concentré, agissant sur les extrémités des bois, en occasionnera le dépérissement, comme on le voit à l'Ecole Militaire, où la plus grande partie des poutres pourries & presque consommées dans les bouts, sont aussi saines dans le surplus de leur longueur, qu'elles le pouvoient être, si elles n'eussent été coupées que depuis deux mois ?

XVII.

Le plus grand dépérissement des poutres étant occasionné par l'humide concentré dans le cœur ou centre de la piéce, on demande s'il ne seroit pas avantageux de refendre chaque piéce destinée à être employée en poutre, pour en faciliter le dessechement & l'évaporation de son humide corrosif, de laisser chaque partie sciée exposée au grand air & aux ardeurs du Soleil pendant quelque tems, & ensuite de rapprocher les dosses des deux parties sciées, l'une contre l'autre, en laissant les faces sciées en dehors & les bouttonnant. On croit pouvoir dire affirmativement qu'elles seroient beaucoup plus promptement dessechées, & que l'évaporation seroit beaucoup plutôt faite, & on pense qu'elles ne perdroient point de leur force, puisque les solides & même les fluides ne portent point en raison de leur étendue superficielle, mais bien en raison de leur épaisseur; & comme la piéce de bois refendue sur sa largeur conserveroit toujours la même hauteur ou épaisseur, on croit qu'après la refente & la réunion des parties ſciées, elle pourroit porter & ſoutenir la même charge qu'avant la refente: cette opinion eſt appuyée par l'expérience faite au mois de Février 1753, ſur une des poutres employées à l'Ecole Militaire.

On choiſit pour cette expérience une poutre de 27 pieds & demi de longueur, de quinze pouces & demi ſur dix-ſept pouces de groſſeur, ayant douze lignes de bouge; on poſa cette poutre ſur deux Chantiers, à 24 pieds & demi de diſtance l'un de l'autre.

Cette poutre ainſi placée ſur ſon roide, on remarqua qu'elle avoit plié de deux lignes par ſon propre poids; on la chargea enſuite de 5519 liv., & elle plia de ſept lignes & demie, outre les deux lignes dont elle étoit pliée par ſon propre poids; & l'ayant

ainſi

ainſi chargée juſqu'au lendemain, on s'apperçût qu'elle avoit encore plié d'un quart de ligne ; ce qui fait au total ſept lignes trois quarts.

On déchargea cette poutre, on la fit refendre, on appliqua les deux parties ſciées doſſe contre doſſe, on les boulonna enſuite, on la poſa ſur les mêmes Chantiers, & on la chargea du même poids dont on l'avoit chargée avant le ſciage, & on ne s'apperçût pas qu'elle eût pliée de plus de ſept lignes trois quarts ; de ſorte qu'après la refente, elle plia de deux lignes moins qu'elle n'avoit faite avant la refente : ce qui prouve que la refente faite ſur la largeur des bois, n'en diminuera point la force, lorſqu'on en rapprochera les parties, & qu'on aura attention de les lier ensemble avec boulons ou embrassures de fer.

XVIII.

Et quand on pourroit supposer que la refente des bois n'en faciliteroit pas le dessechement, s'il est démontré qu'il n'en diminue pas la force, on demande s'il ne seroit pas toujours très-avantageux de les refendre, pour en connoître l'état & la qualité dans l'intérieur? Et si la refente ne seroit pas un moyen sûr, pour n'être pas exposé à employer des bois qui ont déja un germe de corruption? Et si cet avantage seul, & abstraction faite de tout autre, ne doit pas être déterminant?

XIX.

Une opinion assez générale

semble établir que la rigueur de l'hyver en l'année 1709, a attaqué & carié la plus grande partie des bois éxistans alors sur pied.

On demande 1°. si cette opinion est fondée, & sur quoi elle peut être fondée?

2°. S'il y a des signes auxquels on puisse reconnoître le vice ou carie des bois occasionné par la rigueur du froid de 1709?

3°. Si l'impression du froid a agi sur la totalité du corps de l'arbre, ou s'il n'a attaqué que l'extérieur, c'est-à-dire, les parties qui étoient alors les plus voisines de l'écorce?

4°. Si le vice ou carie de l'arbre a dû rester en son premier état, ou s'il a dû prendre accroissement en proportion de l'accroissement de l'arbre?

5°. Si cet accroissement de vice

s'est fait par sa communication aux parties inhérentes, ou par l'effet de la végétation?

6°. Si cette impression de l'hyver de 1709, peut contribuer au prompt dépérissement des bois, soit avant, soit après l'emploi?

ENVOI

DU Mémoire de la Compagnie des Architectes-Experts des Bâtimens, à Monsieur PARIS DU VERNEY, par M. Poirin, *Syndic de ladite Compagnie.*

MONSIEUR,

J'AI communiqué à la Compagnie, le Mémoire que vous lui avez adressé de la part du Conseil de l'Ecole Royale Militaire, par lequel on demande des éclaircissemens sur le vice radical qui se trouve aujourd'hui dans la plus grande partie des grois bois de charpente ; sur la cause de leur prompt dépérissement, & sur les moyens de l'éviter, ou du moins d'en arrêter le progrès;

j'ai lû dans une de nos Assemblées, Monsieur, votre Lettre remplie des vûes ordinaires du bon Citoyen; elle a excité dans tous mes Confreres l'émulation qu'on doit attendre d'esprits disposés par eux-mêmes à l'utilité, & au plus grand avantage de la Société : aussi, Monsieur, ai-je le bonheur de présenter au Conseil, & de vous adresser, au nom de la Compagnie, un Essai que le zéle guidé par l'expérience & la Physique a pû nous dicter; heureux si, remplissant vos demandes, nous avons prouvé nos sentimens, & moi en particulier, le respect avec lequel je suis,

Monsieur,

Votre &c.

Ce 26 Octobre 1761. *Signé*, POIRIN, *Syndic.*

DISSERTATION

De la Compagnie

DES ARCHITECTES - EXPERTS DES BASTIMENS A PARIS,

EN Réponse au Mémoire de M. PARIS DU VERNEY, *Conseiller d'Etat, Intendant de l'Ecole Royale Militaire, sur la Théorie & la Pratique des gros bois de Charpente dans leur exploitation & dans leur emploi.*

Rédigée par MM. BABUTY DESGODETZ & LE CAMUS DE MEZIERES.

LES tristes inconvéniens, qu'on a éprouvé depuis plusieurs années, dans l'emploi des gros bois de charpente, intéressans également l'État & le Particulier, il est de tout bon Citoyen d'en rechercher la cause, d'en combiner les effets, & d'apporter le remède, qui forme aujourd'hui les vœux du ſage Miniſtere ſous lequel nous vivons.

Animés par le zéle du bien public, & guidés par les plus exacts Obſervateurs dans l'Hiſtoire Naturelle, par les Auteurs les plus avoués (*) qui ont traité de l'exploitation du bois & de ſon emploi, & par l'expérience même que nous a donné l'état que nous exerçons, nous examinerons ſi le vice provient, ou d'une défaillance dans la nature, ou d'un défaut de ſoin & d'attention de la part des hommes.

Mais, pour bien approfondir cette matiere, il eſt à propos de

(*) Sans prétendre donner aucun rang de diſtinction aux Auteurs, voici les noms de la plûpart de ceux que nous avons conſultés. MM. *Grew*, *Malpighy*, *Mariotte*, *Perrault*, *Lewemhock*, *Plot*, *Evelin*, *Hickman*, *Bernoulli*, *de la Hire*, *Parent*, *Buffon*, *Duhamel*, *Belidor*, *Jouſſe* & autres.

parler de tout ce qui eſt relatif à l'arbre, de ſa plantation, de ſon éducation, de ſa conformation, de ſa végétation, de ſon exploitation & de ſon emploi.

PLANTATION.

LA terre n'eſt ni uſée, ni appauvrie en elle-même, elle eſt telle que dans ſon origine, elle a toujours ſes ſucs & ſes ſels. Il s'agit ſeulement d'en profiter, & de ne point négliger les tréſors abondans qu'elle nous préſente continuellement. Si tel terrein ſemble refuſer de produire une plante qui y croiſſoit autrefois avec ſuccès, ce n'eſt pas qu'il ait dégénéré en qualité, mais c'eſt qu'il eſt privé pour quelque tems des ſucs propres à cette même plante; épuiſé pour une eſpéce, il ſera pour une autre une terre neuve, qui bientôt par les influences de l'air, & par la fermentation continuelle de la nature, reviendra dans son premier état.

C'est une expérience que nous avons continuellement sous les yeux. Le Jardinier & le Laboureur ont soin de ne point semer le grain de même espéce deux années de suite dans la même terre. C'est aussi d'après ces principes donnés par l'usage, qu'ils ont attention de ne point toujours faire rapporter leurs terres; de leur donner du repos, ou du moins d'y suppléer par des engrais: & ce n'est plus aujourd'hui une question à éclaircir.

Si l'on fait attention que la plus grande partie de nos Forêts est très-ancienne, & que presque toutes nos futayes croissent sur de vieilles souches, on sentira aiſément que le bois dont on doit jouir actuellement, ne peut être que foible & ſujet à mille défauts.

Certainement les ſucs ſeroient mieux filtrés dans les racines d'un jeune plant, que dans celles d'une vieille ſouche. Malheureuſement nous en avons d'autant moins de la premiere eſpèce, que le jeune plant, qui pourroit venir du gland qui tombe des arbres, eſt étouffé par les vieilles ſouches voiſines, dont les rejettons lui raviſſent les impreſſions de l'air, & dont le nombreux chevelu des racines le privent des ſucs de la terre.

Les eaux de pluie & les feuilles ou glands ne peuvent y ſuppléer; c'eſt un engrais inſuffiſant pour cette terre dénuée de la plus grande partie des ſucs propres à l'eſpéce.

Qu'en conclure? Qu'il eſt à

désirer qu'on pourvût, autant qu'il seroit possible, à la plantation de nouveaux bois, & qu'on abandonnât les anciens terreins, pour les défricher & les mettre en labour. Les terres pleines de sucs neufs & plus favorables pour les nouvelles semences de grains, donneroient au Laboureur des récoltes heureuses & abondantes.

Dans ces nouvelles plantations, il y auroit des soins particuliers à apporter. Il faudroit prendre le gland d'un arbre de belle venue, de cent années ou environ, & le placer dans la terre, ainsi que la nature l'a disposé. Il faudroit que le pédicule ou germe qui sort des deux lobes, & qui doit former un jour les racines, fût placé dans une direction au centre de la terre; & que la plumule ou tige qui est renfermée dans les lobes, &

qui doit un jour former le corps de la plante, se trouvât en sens vertical : c'est la voie de la nature. Le pédicule ne feroit pas gêné pour s'enfoncer en terre ; la plumule ou tige de la jeune plante s'éleveroit avec succès, & le bois dont elle est la mere, ne seroit ni rabougri ni tortueux.

Culture ou Education.

On pourroit aussi exiger qu'on prît plus d'attention dans la coupe des taillis, qu'on ménageât davantage les baliveaux, qu'on les laissât espacés à une distance égale & convenable, pour qu'ils ne s'entrenuisissent pas. Il faudroit s'arrêter moins à leur grosseur qu'à une belle venüe, & à la beauté de leur écorce.

Pour les aider à venir bien droits, & les empêcher d'être

battus des vents, il feroit à propos de les entretenir avec perches & gaules, pendant leur premiere jeuneffe, de les émonder immédiatement après chaque pouffe. C'eft le moyen d'écarter la formation & l'accroiffement dangereux des nœuds. Enfin, il ne faut pas oublier de les facler & de les labourer au pied dans les tems convenables.

Après cette légere efquiffe de ce qui peut contribuer à établir une bonne plantation, & à donner une éducation convenable, fuivons la nature dans fa marche, & confidérons l'arbre dans fa conformation.

CONFORMATION & ANATOMIE DE L'ARBRE.

L'ARBRE eft compofé de l'écorce, de la partie ligneufe, &

de la ſubſtance médullaire.

Il faut y joindre encore les trachées qui ſont remplies d'air, & les vaſes propres où circule un ſuc plus ou moins laîteux & réſineux, qui eſt particulier à chacun, & qui en forme l'eſpéce. Il y a encore les ſachets ou utricules, qui ſont de petits ſacs de figure ovale, percés par les bouts & couchés à la file comme des grains de chapelet.

L'écorce a trois parties; l'extérieure qui eſt ſquammeuſe, & comme un rezeau étendu ſur toute la ſuperficie de l'arbre. La partie du milieu qui eſt peu denſe, ſpongieuſe, remplie d'une infinité de pores, & de ſachets & utricules verds. Ils ſont de même nature que le corps médullaire, avec lequel ils communiquent par les couches des ſachets &

utricules, qu'on nomme les interſections médullaires. La partie intérieure eſt, ce qu'on appelle *liber*, pellicule mince, déliée & molle dans ſon origine, mais qui par la ſuite s'empreignant de ſucs ligneux devient bois à ſon tour, par l'avoiſinement du bois fait qui y jette ſes fibres, & qui forme ainſi chaque année au tour de l'arbre, un nouveau cercle d'accroiſſement, qu'on nomme communément *Aubier*.

La partie ligneuſe eſt compoſée de fibres verticales liées enſemble par paquets, en façon de baguettes entortillées.

La ſubſtance médullaire eſt un amas de pluſieurs chambrettes & cavités remplies d'utricules ou ſachets, & ſéparées entr'elles par des cloiſons ou pellicules minces d'une ſubſtance légere.

Les

Les trachées font composées d'une espéce de lame argentée, tournée en spirale, sans doute afin qu'elles puissent plier, sans se rompre sous l'effort des vents.

Les trachées, les fibres ligneuses & les vases propres qui s'élevent verticalement & de compagnie dans tout le corps de l'arbre, laissent entr'eux des interstices qui sont remplis d'une multitude de sachets & utricules rangés par couches horizontales, & qui s'entrelassent avec le corps des fibres ligneuses & des trachées, comme le vanier entrelasse les traverses de son panier avec les montans.

Il faut encore observer qu'il se forme différens nœuds, lesquels sont des espéces de couloirs des liqueurs de l'arbre, pour nourrir les rameaux.

Telle est la conformation de l'arbre, il est couvert par l'écorce comme d'une peau; la substance médullaire lui tient lieu de chair: il est affermi par les fibres ligneuses qui lui servent de parties osseuses, & en même-tems les fibres ligneuses, les utricules & les vases propres font les fonctions des muscles, des arteres & des veines, ainsi que les trachées font l'office des poulmons.

La nature se conduit ainsi uniformément dans presque toutes ses opérations; & comme elle ne fait rien que par la circulation, il faut dire ici un mot de la végétation.

VÉGÉTATION & NOURRITURE DE L'ARBRE.

LES sucs nourriciers formés de parties salines, sulphureuses

& aqueuſes ſe portent des racines au ſommet par les fibres ligneuſes.

Les plus ſpiritueux & les plus volatils, les mieux cuits & les mieux digérés, nourriſſent la ſubſtance de l'arbre; les plus groſſiers & les moins parfaits, & qui ne ſont preſque plus composés que de parties aqueuſes, refluent par les utricules & ſachets tranſverſaux, partie vers l'écorce, partie vers le centre où eſt la ſubſtance médullaire.

Ils commencent à ſe préparer dans le centre de l'arbre, comme dans un foyer, & dans l'écorce, en y recevant l'impreſſion de la chaleur du Soleil, & en s'empreignant de nouveaux ſels & du nître de l'air, qui pénétrent la ſpongioſité de l'écorce.

De-là, ces mêmes ſucs redeſcendent aux racines, où ils reçoivent une nouvelle préparation en y fermentant entr'eux; & le tout, après avoir été une seconde fois épuré, remonte encore vers la cime, & ainſi de ſuite.

Les feuilles fourniſſent auſſi leur part des ſucs, ſuivant ce qu'elles reçoivent de la roſée & des pluies.

Cette circulation, ce jeu de toutes les parties, & ce mouvement continuel, non interrompu, ſont favoriſés par l'air enfermé dans les trachées. Le froid de la nuit ou de l'hyver le condenſe, ainſi que la chaleur du jour ou de l'été le dilate; & cet air par l'élaſticité qui lui eſt propre, tantôt reſſerre, tantôt relâche les fibres ligneuſes, les ſachets ou utricules, & fait ainſi monter & deſcendre alternativement tous ces ſucs.

Dans l'hyver toutes les parties ſupérieures de l'arbre ſont reſſerrées par le froid, & réduites à une eſpéce de létargie; la ſouche eſt conſervée ſous la terre comme dans une ſerre chaude; alors rien ne monte en haut que ce qui eſt néceſſaire pour l'entretien des parties ſupérieures. Tout reſte vers le bas; auſſi c'eſt le tems où la ſeve eſt dans le pied de l'arbre.

L'air extérieur qui deſcend par les trachées, ſe joignant à l'air déja enfermé dans les racines, ſe dilate, les fait gonfler & s'étendre à droite & à gauche; & par ce mécaniſme en augmente le chevelu, dont le ſurcroît donnera l'été ſuivant plus d'abondance de ſucs nourriciers.

La chaleur étant arrivée, agit ſur les parties ſupérieures avec force, elles se trouvent plus dilatées que celles qui sont en terre. L'air inférieur n'y trouvant plus de résistance, se porte vers le haut de l'arbre, avec une quantité de sucs d'autant plus grande, que le chevelu de l'arbre a plus provigné pendant l'hyver précédent. Cette provision enfin s'épuise; ainsi commence & finit la premiere seve.

Pendant l'été, tous les pores de l'arbre étant extrêmement ouverts, l'air chaud que les trachées respirent avec beaucoup de nître & de soufres, dans une abondance extraordinaire, produit dans les racines au bout d'un certain tems, une nouvelle fermentation qui les chasse de nouveau vers les parties supérieures, & forme la seconde seve.

Mais la chaleur commençant

à se tempérer vers la fin de l'été, & les premieres fraîcheurs à se faire sentir, les parties supérieures de l'arbre se resserrent; & les effets de cette seconde seve ne sont pas si sensibles que ceux de la premiere.

Ainsi nos Naturalistes, à l'aide de nos verres & microscopes, ont découvert & observé la conformation & végétation de l'arbre.

Ces principes préliminaires établis, les causes sont connues ; & les effets vont se développer naturellement.

ARTICLE PREMIER.

Exploitation.

Tous les bois ne sont pas bons pour la charpente. Le chêne est celui qu'on y employe le plus volontiers. Aussi est-ce l'espéce la plus roide & la moins cassante, par la contexture de ses parties ; deux qualités qui lui sont propres & particulieres en même-tems ? L'arbre le plus propre à employer en poutres ou en poitraux, est celui dont les fibres ligneuses sont les plus roides.

C'est ce qui fait que dans l'exploitation des Forêts, on distingue celui qui est propre à la charpente, à la menuiserie ou à d'autres usages, suivant l'exposition & le sol.

Nous ne parlerons que de celui qui est propre à la charpente ; il sera seul tout l'objet de notre Dissertation.

I I.

LA nature du local doit produire plus ou moins de rigidité dans

dans les fibres ligneuſes. La bonne conſtitution d'un corps dépend de ſa bonne nourriture ; & l'arbre n'eſt nourri que par les ſucs du terrein qui l'environne.

III.

ON doit donc avoir égard à la qualité du terrein ; il n'eſt pas indifférent que l'arbre ait crû dans un canton pierreux, ſablonneux, marécageux, ou dans des terres graſſes & fortes.

Celui qui vient dans un lieu bas, & en même-tems aquatique ou marécageux, eſt plus tendre, & moins propre au fardeau. Il renferme en lui-même trop de parties aqueuſes qui s'évaporent facilement, & enlevent avec elles les ſels & les ſoufres qu'elles ont déja affoiblis en les délayant par leur abondance.

Le terrein étant trop humide, la terre en est plus froide; il y a moins de chaleur dans les racines, & moins de cuisson & de fermentation des sucs, qui restent plus grossiers & mal préparés: les fibres ligneuses, les sachets & les utricules n'ont plus la nourriture solide qui leur convenoit. Aussi l'emploi de cette sorte de bois doit-il être proscrit pour la charpente. On le reconnoît à sa couleur rougeâtre.

Ceux qui croissent dans un lieu aride & caillouteux, sont ordinairement durs & d'un bon emploi. Les parties de sable ou de cailloutage, n'étant pas liées les unes avec les autres, ne retiennent pas les eaux, & leur laissent une issue facile. Quelque pluie qu'il tombe, un pareil sol est promptement desseché: il s'échauffe plus aisément aux premiers rayons du Soleil ; la fermentation & la cuisson des sucs en devient plus parfaite. Ce sont les véritables bois de charpente, & on les connoît par le sciage à une couleur égale, grise & sans aucune tache.

A l'égard de ceux qui sont nourris dans des terres grasses ou fortes, ou sablonneuses, ils participent des deux qualités de foiblesse ou de force, selon que ces terres approcheront de l'une ou de l'autre nature, que le terrein sera plus ou moins susceptible d'être échauffé, & que les parties aqueuses seront en plus ou moins grande quantité relativement aux parties nîtreuses ou sulphureuses. Ces arbres sont d'une nature grasse : la couleur de leurs mailles est d'une teinture jaune. Tels ſont les bois dans certains cantons de la Forêt de Fontainebleau ; tels ſont ceux de la Forêt de Chambord.

Indépendamment de toutes ces obſervations, il en reſte encore une eſſentielle à ajouter : c'eſt de ne jamais employer pour la charpente, des bois pouſſés ſur ſouches. Ils ont reçu une nourriture moins parfaite, qu'ils ne peuvent tirer que de vieux chevelus & de racines uſées.

I V.

Les bois qui viennent dans le fond des Forêts, ſont inférieurs à ceux qui croiſſent ſur les rives ; ainſi, plus ils ſont ſur les lizieres, ou plus ils ſont écartés entr'eux dans le milieu d'un canton, plus ils participent aux influences de l'air toujours renouvellé en ces endroits : c'eſt la marche naturelle, les arbres reſpirant & ſe nourriſſant en partie par l'écorce.

C'eſt un avantage dont ne jouiſſent pas ceux qui ſont enfermés & ſerrés les uns contre les autres. Ils reçoivent moins d'impreſſion de l'air & de la chaleur extérieure, & ils ont une moindre fermentation dans la digeſtion de leurs ſucs.

Au contraire ceux qui ſont écartés les uns des autres, ou qui ſe trouvent placés ſur les rives, ſont plus aiſément battus des vents. Ils ſont dans le cas d'un éxercice & d'un travail continuel; & leurs fibres prennent de-là une conſiſtance proportionnée à leur état. Auſſi les hommes qui remuënt journellement de lourds & peſans fardeaux, ſont plus robuſtes & plus muſculeux.

Il faut cependant excepter les positions où les arbres seroient trop en butte aux vents : car dans le tems de la seve, l'arbre se roule, les cernes se séparent, elles ne font plus corps entr'elles ; ce sont autant de cylindres emboëtés les uns dans les autres ; & cette sorte de bois n'est pas de service.

Après avoir parlé des qualités d'un arbre relativement à son sol, disons encore quelque chose relativement à son exposition.

Celui qui est exposé au Nord ou à l'Orient, est le meilleur. Il vient le plus haut, il a le fil le plus droit, l'écorce presque vive, & au-dessous peu d'aubier. L'expérience nous a appris cette différence, & en même tems à connoître que la contexture de l'arbre est plus ou moins serrée, suivant une expoſition plus ou moins grande au Nord ou au Midi. En effet la dilatation & expanſion des parties eſt l'effet & la ſuite de la chaleur : & l'expoſition au Nord ou à l'Orient y eſt moins ſujette. Auſſi dans une Forêt on diſtingue toujours l'expoſition au Septentrion.

V.

PLUS l'arbre a ſouffert de travail, plus il a eu le tems de ſe perfectionner, plus il eſt fort. Il lui faut donc un certain âge pour acquérir ces bonnes qualités.

Il croît ordinairement pendant cent ans, peu, mais toujours les cent années ſuivantes, après quoi il dépérit. Cela cependant n'eſt pas général ; il y a des terreins où les arbres ne profitent plus, & où ils commencent à ſe couronner dès l'âge de cent ans. Raiſon pour laquelle le tems le plus favorable pour la coupe de ce qui doit être deſtiné à groſſes piéces, comme poutres & poitraux, eſt communément depuis cent vingt jusqu'à cent ſoixante ans, & pour la charpente ordinaire, depuis ſoixante juſqu'à deux cent.

V I.

Il eſt dangereux d'employer pour la charpente un arbre trop avancé en âge; c'eſt une obſervation faite de tout tems, & pour laquelle on lui a donné le nom de bois ſur le retour.

En effet, la circulation des ſucs eſt alors moins abondante, ſoit parce qu'il y a plus de parties à alimenter, ſoit parce qu'il ſe forme des obſtructions dans les canaux ou conduits, d'où il arrive des deſſechemens & des caries dans les fibres & contextures. Ce vice une fois admis, ne peut faire que des progrès. Ainſi le défaut de circulation ou de filtration dans le corps humain y cauſe des obſtructions, des maladies, & en attaque bientôt tout le méeaniſme.

Il n'eſt donc aucun doute que cette inaction de la ſeve n'occaſionne des vices particuliers dans l'eſſence de l'arbre, & n'en altere toutes les parties. C'eſt l'effet de la vieilleſſe, où l'homme eſt ſi différent de ce qu'il étoit dans la force de l'âge.

A cette inaction ſuccede un vice radical, dont les ſuites ſont pernicieuſes, le bois n'ayant plus aucune de ces parties vivifiantes, ſi néceſſaires pour la bonne conſtitution des corps.

VII.

A l'égard du tems propre pour la coupe des arbres, il est certain que toutes les saisons de l'année n'y sont pas indifférentes.

La trop grande abondance de seve est dangereuse; si l'on coupe l'arbre dans un tems où toutes les liqueurs sont exaltées vers les parties supérieures, elles y sont dans une trop grande quantité, & les sucs grossiers & aqueux, qui ne sont pas encore descendus, demeurent dans le tronc, & n'y peuvent qu'occasionner une fermentation préjudiciable.

VIII.

Ce n'est que dans certaines saisons de l'année, comme en Mai & en Août, que regne cette ascension de la seve, & son flux abondant.

IX.

La trop grande quantité de ſeve devient néceſſairement un germe de corruption dans les arbres abbattus & employés. Il ne faut pas s'imaginer que la plénitude exceſſive des ſucs dans les fibres de l'arbre en augmente la force. Il eſt à craindre que la matiere qui remplit les fibres, ne vienne à fermenter, & à ſe conſumer elle-même. Les fibres du foin ne ſont jamais plus remplies de leurs liqueurs, que lorſqu'il vient d'être coupé ; & l'on voit tous les jours une meule de foin empilé trop verd, s'échauffer, & même prendre feu.

Il y a un reméde contre cette trop grande abondance de ſeve qui peut reſter dans le bois; c'eſt de le faire flotter avant l'emploi.

Par ce moyen il dégorgera ces ſucs trop groſſiers, qui n'ayant plus après la coupe la circulation néceſſaire, donneroient lieu à la corruption; ſuite d'une trop grande fermentation excitée par ces ſucs.

Le flottage du bois doit effectivement laver, diſſoudre & emporter une partie des liqueurs trop fermentatives, & les ſels & les ſoufres les plus dangereux. On éprouve tous les jours que le bois neuf rend plus de chaleur au feu que le bois flotté; & le bois verd plus que le bois neuf: c'eſt qu'ils ſont fournis les uns plus que les autres, de ſels & de ſoufres, & d'autres liqueurs expanſives qui forment la chaleur.

Nous obſerverons cependant qu'il ne faut pas le laiſſer trop long-tems à flot. L'eſpace de ſix ſemaines eſt le plus long terme ; & plus de tems ſeroit dommageable. Les canaux exportatifs de ces ſucs ſeroient vuides & dépouillés de leurs ſels & de leurs huiles, & ne ſeroient plus gonflés que de parties aqueuſes ; les fibres de l'arbre n'auroient plus la même roideur. Il faudroit auſſi un tems conſidérable pour chaſſer ce nouvel humide concentré, qui d'une façon ou d'autre produiroit toujours un autre vice également à appréhender.

On ne doit pas craindre que le flottage préjudicie à la qualité du bois. Il lui devient au contraire une préparation utile & néceſſaire pour l'emploi. Auſſi, lorſqu'on n'a pas eu la facilité de le flotter, devroit-on y ſuppléer en le mettant environ ſix ſemaines dans une eau vive & pure, d'où on le retireroit au moins ſix ſemaines avant que de l'employer.

Mais autant cette opération eſt favorable pour la bonne qualité du bois ; autant elle lui ſeroit préjudiciable, ſi l'eau dans laquelle on l'auroit placé, étoit croupiſſante ou bourbeuſe, en ce que ces bois s'empreignans de ſels hétérogênes, il en réſulteroit une fermentation forcée, qui certainement dégénéreroit en corruption.

X.

Peut-être pourroit-on penſer qu'en laiſſant les bois de charpente pluſieurs années ſans les employer, après les avoir abbattus & bien équarris, ſans écorce ni aubier, leur ſeve & leur humide ſe deſſécheroient aſſez pour les garantir de la corruption.

Mais la mécanique de l'arbre indique le contraire. Dans le mouvement de circulation d'un arbre ſur pied, la liqueur ne doit couler que par les canaux deſtinés à la charrier, autrement elle ſe répandroit confuſément en tous ſens, & toute l'harmonie de cette circulation ſeroit détruite. La nature y a pourvû. L'intérieur des canaux eſt revêtu de fibrilles poilues couchées d'un ſens les unes ſur les autres. Elles ſervent à empêcher la liqueur de refluer, ſi elles étoient forcées de rebrouſſer, elles ſe dreſſeroient & rempliroient l'orifice des tuyaux, dont elles ſont par leur diſpoſition des ſoupapes artiſtement diſtribuées par les mains de la nature.

L'arbre étant abbattu, l'action de l'air extérieur n'eſt bien direct que ſur les parties qui lui ſont exposées, & ne peut avoir qu'un effet indirect & très-foible sur les parties du centre de la piéce.

A l'égard de l'air intérieur qui est le principe de circulation dans l'arbre sur pied, il y a deux agens qui le mettent en mouvement ; la chaleur du dehors qui frappe sur l'envelope extérieur ; & la chaleur du dedans qui vient de la terre, & se communique par les racines, tant dans le corps ligneux, que dans la substance médullaire.

Or l'arbre étant coupé, le second de ces deux agêns ne subsiste plus ; & d'un autre côté le premier n'a pas un effet sensible, & même ne peut attirer à lui les sucs renfermés dans l'arbre, par la disposition des parois intérieurs des canaux.

D'où il suit, 1°. que la liqueur contenuë

contenuë dans l'arbre ne peut presque pas s'échapper par les parties externes; & que plus la piéce aura d'équarrissage, moins il y aura lieu au prétendu dessechement. 2°. Qu'il restera dans les parties internes, & sur-tout dans le cœur un humide, qui y formera des caries, suite de la fermentation.

L'humide dont il est ici question, devient nécessairement l'origine de la corruption des bois de charpente, n'étant autre chose qu'un reste de seve, amas de matieres crasses, imparfaites, composées en général de parties aqueuses, qui ne sont pas encore suffisamment broyées & digérées.

On ne sçauroit donc apporter trop d'attention à en procurer l'écoulement. Aussi faut-il avoir un grand soin dans les ventes ou dans les chantiers marchands & autres, de ne jamais poser les piéces ni à crû sur terre, ni de niveau, mais de leur donner une pente de quatre pouces au moins par toise; de sorte que le côté de la racine soit plus bas que la partie de la tête de l'arbre. Il seroit encore prudent de placer les bois de charpente sous des angards, & à couvert des intempéries des saisons, de les poser sur des chantiers, de façon qu'ils ne se touchassent en aucune façon. Ce qui donneroit un champ libre à la circulation de l'air.

C'est peut-être une des raisons pour laquelle les bois coupés dans la Forêt de Chambord, & employés à Versailles dans l'appartement de la Reine, n'ont pas aussi-bien réussi, que leur belle constitution sembloit le promettre. Ne pourroit-on pas ajouter encore que ces bois étoient peut-être trop vieux, & que, ſuivant la nature du ſol de cette Forêt, ils ſont preſque tous gras, uniquement propres à la menuiſerie, & trop remplis de ſucs groſſiers, dont ils n'avoient pas été ſuffiſamment dépouillés par défaut d'inclinaiſon ou autrement.

Quand même quelqu'un citeroit un exemple domeſtique de bois pareillement conſervés ſous un angard, il faudroit, pour qu'on pût donner une ſolution à ſa demande, qu'il annonçât en même-tems la nature de ces bois, leur contexture, & la maniere dont il les auroit poſés ſur des chantiers

X I.

Il ſeroit à ſouhaiter qu'on

pût établir un tems où l'on fixeroit l'entier dessechement d'une piéce de bois, & l'évaporation parfaite de son humide, pour n'avoir plus lieu d'en rien appréhender.

C'est néanmoins une question à laquelle on ne peut répondre strictement. Si l'on considere qu'il n'y a pas de bois, quoique de même espéce, dont les fibres & contextures soient semblables, & dont conséquemment le dessechement puisse être parfait & complet au même tems.

Tout ce qu'on peut dire à ce sujet de plus certain, c'est que l'évaporation une fois faite de cet humide, ennemi conjuré de la bonté des bois, la piéce ne sera plus susceptible alors d'une fermentation forcée, qui ne peut que tendre à la corruption, &

que le flottage eſt avantageux & même néceſſaire pour ſon extirpation, ainſi que l'attention à ne ſe ſervir des bois que quatre à cinq ans après leur coupe.

X I I.

POUR parvenir à cette évaporation, Vitruve conſeilloit de cerner les arbres; mais chacun ſçait que de ſon tems, la Phyſique n'avoit pas encore atteint le degré de perfection, auquel elle eſt parvenue aujourd'hui, & dont nous ſommes redevables aux lentilles microſcopiques; ſuite des découvertes de Galilée.

L'uſage & l'expérience nous ont appris que cette pratique eſt dangereuſe; c'eſt auſſi ce que nous reconnoiſſons par la mécanique de l'arbre.

En le cernant par le pied, &

le reduiſant en pivot, l'on empêchera preſqu'au total l'exaltation des ſucs inférieurs qui ſont les mieux préparés ; & l'on n'arrêtera qu'en partie la précipitation des ſucs groſſiers vers les racines & le bas de l'arbre.

En effet, quoique par la cerne il s'échappe beaucoup d'eau rouſſâtre ; cependant ces ſucs mal digérés, les plus dangereux & les plus propres à la fermentation, ne peuvent être chaſſés avec aſſez de force vers le bas, qu'à proportion de ce que les ſucs volatils s'éleveront avec plus d'abondance vers la cime ; ce qui ne ſe peut dans l'hypothèſe de Vitruve : les canaux des fibres ligneuſes & autres y ſont tous coupés & interrompus par la cerne.

Ces conduits & canaux coupés font l'effet d'un ſiphon renverſé à branches égales. L'air extérieur ſoutient les liqueurs de l'arbre dans les branches de ce nouveau ſiphon ; de ſorte que les ſucs deſcendans, qui ſont les plus lourds & les plus pernicieux, reſtent encore en grande quantité dans l'arbre, après l'échappement de cette eau rouſſâtre, & s'y trouvent en équilibre avec les ſucs montés des racines qui ſont les plus légeres. Telles ſont les loix de l'hydroſtatique, qui veulent que les hauteurs des liqueurs dans les branches du ſiphon, ſoient en raiſon réciproque de leur peſanteur ſpécifique.

XIII.

Etant donc conſtant que la ſeve eſt preſque toujours le germe de la corruption intérieure, & qu'elle eſt moins abondante dans une ſaiſon que dans une autre, on doit en conclure néceſſairement qu'on ne doit couper les arbres que lorſque ce germe aura le plus diſparu. Les progrès du dépériſſement en ſeront plus lents.

X I V.

Si cette ſeve n'eſt retirée que dans le tems où l'air extérieur, étant totalement refroidi, ne peut cauſer aucune nouvelle dilatation dans les parties ſupérieures ; s'il faut abſolument que la gelée ait produit quelqu'effet dans l'air, & que l'atmoſphere ſoit reſſerrée & moins agiſſante, le 15 Septembre eſt un tems trop prématuré, & le 15 Avril un terme trop avancé pour l'abbattis & la coupe des bois de haute futaye.

X V.

X V.

Ainsi la fin de Décembre & tout le mois de Janvier ſont les tems les plus propres pour l'exploitation. Encore faut-il avoir égard à la température de la saiſon, & à la groſſeur & dureté des arbres. Il peut fort bien arriver qu'il regne alors un air aſſez chaud pour favoriſer l'aſcenſion des ſucs, & l'expanſion des parties de l'arbre, quoiqu'avec moins de vivacité; & ſi l'on a vû des fleurs & des feuilles dès le commencement de Février, la ſeve a dû monter du tems auparavant pour produire ces effets.

Cependant, pour bien aſſurer l'état de l'arbre lors de la coupe, il faut que tout ſon mouvement dans les parties ſupérieures ſoit comme arrêté, engourdi, & dans une espéce d'inaction; il faut qu'il ne monte de sucs que ce qui est nécessaire pour nourrir la cime. Alors il n'y a plus dans les racines ce retour des sucs abondans & grossiers, que l'arbre, plus ouvert dans ses pores durant les chaleurs, reçoit si facilement, soit des parties inférieures, soit de celles qui sont exposées à l'air extérieur.

C'est sur ces principes qu'il faut se conduire dans les exploitations, & non sur des préjugés lunaires, que le raisonnement & l'expérience détruisent, & détruiront toujours.

On ne pourroit donc trop applaudir à une Ordonnance des Eaux & Forêts, qui fixeroit le tems de la coupe des bois destinés à la grosse charpente, depuis le 15 Décembre jusqu'à la fin de

Janvier au plus tard. Pour ne causer toutefois aucun dérangement dans les coupes, on pourroit permettre d'abbattre les taillis dès le 15 Septembre.

X V I.

On doit désirer cette maniere d'exploiter les arbres, pour avoir de bons bois de charpente; c'est le but que nous nous sommes proposés : passons actuellement aux précautions nécessaires à apporter dans son emploi.

Emploi.

Pour extirper l'humide du cœur de l'arbre, il est utile de laisser les extrêmités des piéces à découvert.

La chaleur qui agit sur les parois extérieurs d'une poutre, peut occasionner, quoique foiblement, une dilatation dans les liqueurs, & les chaſſer vers les abouts de la piéce, d'où elles ne peuvent revenir ſur leurs pas; par conſéquent, ſi l'on donne accès à l'air extérieur ſur les extrêmités des poutres, l'air dont le propre eſt de diviſer, atténuer & ſubtiliſer les particules des liqueurs par ſon action, les diſſipera & les enlevera, lorſque leurs molécules ſeront devenües plus légeres qu'un pareil volume d'air. Ce mécaniſme eſt celui de l'exaltation des nuées. Les premieres parties de l'humide qui auront été ainſi ſoumiſes à l'action de l'air étant évaporées, d'autres leur ſuccéderont; & tout l'humide s'enlevera ſucceſſivement.

Pour défendre les abouts des piéces contre les intempéries de l'air, & ne point nuire à la décoration extérieure de nos édifices, on peut appliquer au-devant un carreau de pierre percé de différens trous obliques plus élevés à l'intérieur qu'à l'extérieur, pour empêcher la pluie de pénétrer.

Cependant, si les extrémités des piéces ne peuvent être absolument à découvert, nous voudrions qu'on prît des précautions qui pussent y équipoller, quoique légérement, ce seroit de ne sceller ces piéces, ni avec mortier, ni avec plâtre; ces matieres ont des sels trop hétérogênes avec ceux du bois. Il faudroit se contenter de les poser à sec sur une cale de bois, & les tenir isolées de toutes parts de la maçonnerie environnante. Il seroit même à propos dans les édifices de quelque conséquence, d'entourer de plomb les portées des poutres ou poitraux, en leur circonférence ſeulement, en laiſſant les abouts dégagés. On évitera par ce moyen toute fermentation qui pourroit provenir, & de l'humidité naturelle, & des ſels particuliers de la maçonnerie.

Il y a donc deux cauſes qui produiſent ordinairement la pourriture des poutres dans leurs portées. La premiere eſt un vice dans le ſcellement ; les matieres qu'on y employe, entretiennent, & même apportent l'humidité avec elles, & de plus ſont chargées de ſels corroſifs & fermentatifs. La ſeconde cauſe eſt le défaut de circulation d'air ; l'humide de la poutre qui ne peut retourner ſur lui-même, une fois arrivé à ſes extrémités, n'a plus aucune évaporation, y reſte fixé à l'endroit du ſcellement, & y produit par une ſuite néceſſaire l'altération & la déſunion de la contexture de ces parties. C'eſt ce qui n'arrive que trop ſouvent, & ce qu'on vient d'éprouver à l'Ecole Royale Militaire.

XVII.

A ce premier expédient de conſervation l'on peut y en ajouter un ſecond, qui eſt de refendre les piéces deſtinées à ſervir en poutres ou en poitraux, & de rapprocher après la refente les deux doſſes, en obſervant de mettre les parties du cœur en dehors.

1°. L'air qui n'agit que ſur les parois extérieurs d'une piéce de gros équarriſſage, n'agit preſque pas ſur la ſubſtance médullaire. Cette partie qui eſt fungeuſe, eſt toujours remplie de ſucs épais qui commencent à s'y préparer, s'y cuire & s'y digérer comme dans un fourneau concentré. Or, par la refente de la piéce, ce foyer de fermentation exposé immédiatement à l'air, se trouvera refroidi, se dessechera, & toute la fermentation s'arrêtera.

2°. Par la refente la piéce ne peut rien perdre de sa roideur & de sa force à supporter les fardeaux. Les connoissances Physico-Mathématiques démontrent que, sans avoir égard à l'épaisseur horisontal d'une poutre, son épaisseur verticale est l'expression du bras de levier qui fait tête à la puissance tendante à faire plier ou casser la piéce.

En effet, d'un côté, en apportant dans cette refente les précautions nécessaires, elle ne peut trancher les allignemens des fibres, qui sont toujours parallèles à l'axe de l'arbre. On peut même obliger par la suite, ceux qui équarrissent les bois, à en refaire les faces parallèlement à l'axe de l'arbre. Il est vrai que, si l'on se servoit d'arbres tortueux, l'on seroit dans le cas de trancher les fibres. Mais on ne doit employer pour la refente que les plus droits, & ceux dont les nœuds sont en moindre nombre & moins profonds : ce sont même les seuls bois dont il faut se servir. Quoiqu'ils soient un peu rares, il n'est pas moralement impossible d'en trouver.

D'un autre côté, la force de la piéce ne dépend que des fibres serrées & multipliées les unes sur les autres, dans le sens de sa hauteur, & non de celles qui sont couchées les unes à côté des autres, dans le sens de sa largeur. Ce qui se trouve d'accord avec toutes les expériences de *Parent* & de *Belidor*, qui, d'après leurs calculs & ceux de Bernoulli, ont aussi établi que la plus forte poutre qu'on pût tirer d'un arbre en l'équarrissant, étoit celle dont les côtés seroient dans la proportion de 5 à 7. Ce n'est pas qu'ils ayent entendu la piéce la plus forte qu'on puisse tirer d'un arbre, mais la plus forte poutre; c'est leur expression relativement au bénéfice de l'équarrissage.

Il est même certain que la piéce refendue a plus de force. Sa force dépend de la rigidité de ses fibres; & le corps médullaire qui compose particuliérement le cœur de l'arbre, est d'une contexture plus tendre que les parties ligneuses. Si cette partie est exposée à l'air, elle doit acquérir, en se durcisſant, une nouvelle rigidité & un nouveau compact; ce qui doit balancer au moins la légere perte du cube, qui eſt emportée par l'épaiſſeur du trait de ſcie.

On objectera peut-être que nous ne devons rien conclure des expériences ſur la refente récemment faites à l'Ecole Royale Militaire, qu'elles ont péché par un vice, ſoit du côté du tems, ſoit du côté de la charge.

Mais, de quelque maniere que la choſe ſoit arrivée, ce défaut (s'il y en a) retournera toujours à l'avantage de notre propoſition. Il ſuffit que la poutre aye porté plus peſant après la refente qu'auparavant. Il n'y a qu'à pourſuivre l'expérience avec un poids plus fort, & dans un tems plus conſidérable, cela ne ſervira qu'à faire connoître plus préciſément le degré de sa résistance, & son surcroît de solidité, conformément aux expériences de *Parent* & de *Belidor*. De ce qu'elle n'auroit pas été chargée assez, & pendant un tems suffisant, on ne peut conclure qu'elle auroit plié dans un tems plus long, & sous un poids plus fort.

Il est à craindre, dira-t-on, que ces refentes n'étant pas assez dessséchées, ne se trouvent sujettes à voiler.

Qui formeroit cette difficulté, ne penseroit pas à la construction actuellement usitée. Aujourd'hui nos poutres se perdent dans l'épaisseur des planchers; on leur adapte des lambourdes sur les flancs, & les solives qui portent sur les lambourdes, leur servent d'étresillons. On peut même entretenir les refentes, non pas avec boulons qui trancheroient les fibres, mais avec frettes qui les enveloperoient & les serreroient en tout leur pourtour, ou avec platte-bandes à talons aux extrémités, & sur les surfaces horisontales.

L'on appréhendera peut-être que les refentes venant à se sécher, & diminuant par conséquent d'équarrissage, elles ne soient plus alors suffisamment serrées & entretenües, soit par les solives buttantes, soit par les frettes environnantes, & qu'elles ne voilassent.

La difficulté sera même plus grande pour les poitraux. Ils ne sont buttés, ni par les solives, ni par les lambourdes, au moins d'un côté.

Mais cette objection tombe d'elle-même; & pour y répondre, prenons l'exemple des voûtes.

Tout le monde sçait qu'elles ont d'autant moins de poussée, que leurs piédroits sont plus chargés; l'expression de la résistance du piédroit étant le produit de la moitié de sa base, par la superficie du profil de toute son élévation, tant de ce qui est jusqu'aux naissances, que de toutes les parties supérieures.

Or, les poutres ou poitraux supportent de même un poids considérable, eû égard, tant à la pesanteur des faces, qu'à celle des planchers. Il y a donc ici deux forces qui s'entredétruisent; l'action de l'humide qui tend à faire voiler la refente; & l'action de la gravité qui presse en contrebas.

Ces deux forces ou puissances

peuvent être exprimées par les côtés du parallélogramme des forces, & la force composée qui en résulte par la diagonale. D'un côté, plus la refente sera desséchée, & d'un autre côté, plus la poutre ou poitrail sera chargé, moins il y aura de rapport entre ces deux forces; la diagonale, expression de la force composée résultante, sera alors presque réduite au moment du parallèlisme avec le côté vertical; & dans ce cas la puissance qui favorise le voilement presque réduite à zero. Autre raisonnement mécanique qui fait évanoüir toutes les craintes qu'on peut avoir au sujet de la refente des poutres & poitraux.

De plus, qui auroit encore quelque crainte, pourroit multiplier les forces résistantes en multipliant le nombre des frettes ou platte-bandes, & ſurmonter ainſi par l'art juſqu'aux moindres difficultés de la nature. On pourra encore par une précaution même néceſſaire, laver au rabot ou à la beſaiguë les paremens de la refente.

XVIII.

Cet uſage de la refente nous paroît d'autant plus néceſſaire, qu'il met en évidence les parties internes de l'arbre: c'eſt un moyen infaillible d'en connoître l'état & la qualité intérieure, & de faciliter l'extirpation de tout germe de corruption. Ne prendre point le parti de la refente, c'eſt ſe priver de la ſolidité qui doit être ſi recherchée dans tous les ouvrages.

Un homme ſage en effet ne doit-il pas ſaiſir avec ardeur le parti le le plus avantageux, & le moins ſujet à inconvénient ? Nous ne ſçavons que trop que nos bois de charpente périſſent tous par le cœur : c'eſt aujourd'hui le ſujet de nos inquiétudes. Ainſi, quand même on ſuppoſeroit gratuitement qu'il y a plus de foibleſſe dans la piéce refendüe, il eſt certain d'un autre côté que c'eſt l'expédient le plus ſûr, pour détruire le vice du centre de l'arbre ; & que la conſervation & la durée des piéces de charpente eſt préférable à leur force, auxquelles on peut aiſément ſuppléer. Enfin, où ſeroit la force d'un morceau de bois pourri ? Eh ! qui a jamais vû des poutres caſſer ſous le fardeau, ſans qu'elles euſſent des nœuds ou vices particuliers intérieurs ; ce qui ne ſeroit pas arrivé, ſi l'on eut travaillé à les découvrir.

XIX.

Il y a donc d'autant plus de raiſon à embraſſer la pratique de la refente, & à ſe ménager cette reſſource de ſolidité, qu'il y a aujourd'hui un vice radical dans les bois, ſoit du côté des terres uſées pour les plantations (ce que nous avons déja dit), ſoit enfin du côté de l'effet des froids arrivés en différens tems, à pareil degré de celui de 1709, & accompagnés des mêmes circonſtances.

Perſonne n'ignore effectivement que nos Vaiſſeaux de conſtruction moderne, ſont d'un ſervice beaucoup plus court qu'ils ne l'étoient anciennement. Nous voyons auſſi que dans la plûpart de nos nouveaux édifices, on a été obligé d'en renouveller pluſieurs fois & en peu de tems les poutres & les poitraux.

Les obſervations, les raiſonnemens phyſiques & l'Anatomie de l'arbre viennent à l'appui de cette fatale expérience.

1°. Le froid du grand hyver arrivé en 1709 a produit des effets ſenſibles ſur les arbres, tels que les Oliviers, Noyers, Chataigniers & autres arbres tendres. L'exceſſive rigueur du froid produiſit alors ces effets ſenſibles ſur ces arbres, comme plus ſuſceptibles; mais il a pû agir auſſi, quoiqu'imperceptiblement, ſur les autres eſpéces, à proportion que les arbres étoient plus ou moins durs, plus ou moins expoſés à l'action du froid, & que la contexture de leur bois étoit plus ou moins chargée de parties aqueuſes.

Les liqueurs de l'arbre peuvent ſe glacer, tant dans les fibres, que dans les utricules, par la rigueur exceſſive du froid.

Les parties des liquides, qui ſont toujours impreignées d'air, perdent leur mouvement avant que de ſe geler. Les particules d'air, qui s'y trouvent renfermées, ſe débandent alors en tous ſens, ne trouvant plus de réſiſtance, & repouſſent, & refoulent tout ce qui leur fait obſtacle. Si le vaſe où eſt contenue la liqueur, réſiſte par ſa forme à leur action, il en eſt néceſſairement briſé. Les fibres & les utricules repréſentent ce vaſe; ils peuvent donc ſe briſer & ſe rompre par un froid rigoureux. En effet, qu'on ſe promene dans nos Forêts par de grands froids, on y entend alors un bruit & un craquement continuel dans les arbres.

2°. La pellicule ou tunique qui

forme la partie la plus intérieure de l'écorce, & qui, devenant ligneuse, tous les ans augmente le corps de l'arbre d'un nouveau cercle, a pû, comme plus prochaine de l'air extérieur, ressentir cette impression du froid de 1709 par la flétrissure ou la rupture, tant dans les fibres, que dans les trachées, sachets ou utricules qui lui étoient propres ou circonvoisins.

Les effets de cette impression, & les dérangemens qui en ont été les suites, sont sensibles dans la plûpart des arbres. Qui voudra observer, trouvera que la cerne de 1709, & celles qui l'avoisinent, sont d'une couleur différente des autres, & reconnoîtra que la substance médullaire est cariée & viciée, lorsqu'elles en approchent.

3°. C'eſt ce qui n'a pû provenir que d'une ſciſſion, rupture, flétriſſure & interruption dans les fibres, trachées & ſachets; c'eſt auſſi ce qui par ſuite a diminué la circulation & exportation des ſucs nourriciers, & eſt cauſe que dans le commencement ils n'ont pû être chariés avec autant de jeu & facilité.

4°. Le bon état de l'arbre dépendant de la circulation & de l'harmonie des parties qui y ſont deſtinées, ſi l'altération de ſes parties a eu lieu une fois, il a pû y avoir par la ſuite un dérangement dans la végétation. Ce dérangement a même pû prendre quelqu'accroiſſement, juſqu'à ce qu'un nouveau tiſſu de fibres ligneuſes, ou une nouvelle création de ſachets ou utricules ait pû réparer juſqu'à un certain point ces premieres pertes; alors tant les anciennes parties, que les nouvelles auront reçu une quantité de nourriture plus ou moins abondante, à raiſon de ce que ce dérangement aura été plus ou moins réparable.

En outre ces parties malades, s'il y en a eu, ſont reſtées dans l'arbre, comme un corps gangréné, & n'ont pû que produire des effets dangereux au dedans & au dehors.

Il eſt reconnu que les rameaux & les rejettons prennent bien leur nourriture, & qu'ils pouſſent en droite ligne, lorſque les fibres ligneuſes ſont bien perpendiculaires, & que les ſachets ou utricules ſe trouvent placés bien horiſontalement.

Au contraire, s'il y a des cauſes qui arrêtent ces ſucs, & les fassent rebrousser chemin, les rameaux ne poussent plus droits; ce qui devoit croître en branches & en rejettons, dégénere en tumeurs, galles & excrescences vicieuses; & les nœuds qui servent de filtroirs pour les différens rameaux, étant obstrués, y forment des noyaux de pourriture.

5°. On voit donc qu'il a dû alors y avoir un accroissement de vice, tant par le défaut de végétation, que par la communication & avoisinement des parties malades. L'expérience nous fait voir en effet qu'un bois, quelque sain qu'il soit, s'il est appliqué contre d'autres bois qui ayent quelques défauts, y participe au bout d'un certain tems.

6°. Il est pareillement certain que ces bois attaqués, n'ont plus dû avoir le même compact, qu'il qu'il y a eû un vice intérieur, & qu'il a même pû en conséquence prendre un accroissement.

Que résulte-t-il de toutes ces réflexions, sinon que par cette impression de froids rigoureux, les bois qui ont pû souffrir avant que d'être employés, n'ayant plus les mêmes parties vivifiantes, ni le même compact, ont dû nécessairement être moins bons au service & à l'emploi ?

Après des principes si bien établis & si généralement reconnus, pour ne rien laisser à désirer, il est à propos d'en faire voir l'analogie avec les observations & les découvertes de MM. Buffon & Duhamel, sur l'écorcement des arbres; objet aussi intéressant pour le bien public, qu'il paroissoit anciennement y être étranger & même contraire.

ÉCORCEMENT DES BOIS.

L'écorcement des arbres se fait vers la seve de Mai, & environ deux ans avant qu'on les coupe. Cette pratique est établie avec succès dans la Province de Nothingam & dans le Comté de Staffort en Angleterre. Sa bonté a été éprouvée en France sous les yeux du Ministre, par ces deux célébres Académiciens: (a) & quand on ne seroit pas fondé sur ces exemples & sur ces expériences, les raisons qu'on est en état d'en alléguer, en certifient l'opération, & la rendent sûre & sensible.

Le bois écorcé est en effet plus roide, plus fort, plus solide, plus compact, plus uniforme en toutes ses parties. Tout y est également rempli, substance médullaire, fibres ligneuses & aubier;

(a) M M. Buffon & Duhamel.

par conséquent moins de perte pour l'équarrissage, & le volume de l'équarrissage plus considérable. En un mot, la force du bois écorcé est au bois non écorcé, comme 5 est à 4 ; sa pesanteur est aussi supérieure à celle de celui qui ne l'est pas, & son écorce meilleure pour le tan des cuirs.

La Physique nous apprend en même-tems que les sucs qui montent dans l'arbre, sont destinés non-seulement à sa nourriture, mais encore à son accroissement. Entre les parties ligneuses & l'écorce, il se forme chaque année de nouvelles couches qui deviennent bois à leur tour. Dans l'arbre écorcé ces nouvelles couches ne peuvent plus se former, attendu l'action immédiate de l'air sur ces parties tendres & délicates, qui ne sont plus défendües par leur envelope ; en conſéquence elles ſe reſſerrent, ſe deſſechent & ſe durciſſent.

Les ſucs intérieurs n'en montent pas moins, mais ils s'arrêtent & ſe figent dans les interſtices les plus voiſins deſdites couches. Par la ſuite les utricules & les fibres gorgés de ces ſucs, ſe ferment ſucceſſivement les uns après les autres ; & enfin rendent par-là le bois d'un compact plus ſerré & plus uniforme, ſans aucun reſte d'humide.

Il n'eſt pas à craindre que dans de pareils bois, il y ait par la ſuite aucune fermentation ou formation de vers. Toute la liqueur viſqueuſe de l'arbre, qui s'eſt deſſechée par cette opération, en a rempli les pores, & les a baigné & imbibé de ſon huile & de ſon eſſence réſineuſe, excluſive de tous vers.

Ce compact uniforme, dont on vient de parler, ne peut être que recherché, utile & même nécessaire ; tout bois périt toujours dans le service, par défaut de cette uniformité de compaction & autres vices auxquels nous avons paré par cette suite de réflexions.

Il seroit donc du bien public d'écorcer les arbres destinés à la charpente deux ans avant leur exploitation : un retard plus considérable les mettroit hors d'état de service, & ils entreroient dans la classe du bois mort sur pied.

Mais les bornes d'une simple Dissertation ne nous permettent pas de nous étendre davantage ; nous nous contenterons de rassembler ici sous un même point de vûe, un tableau abrégé & pratique de tout ce qui doit être obſervé, ſoit dans l'exploitation, ſoit dans l'emploi de la charpente.

CONCLUSION.

Nos Forêts ſont trop anciennes; preſque tous nos bois pouſſent ſur vieilles ſouches; ils n'ont plus la même qualité qu'ils auroient, s'ils venoient de jeunes glands. Ces glands pris ſur un arbre de cent ans, & d'une belle venüe, plantés dans une terre neuve, feroient l'eſpérance de la Patrie, ſatisferoient à tout ce qu'on déſire aujourd'hui, & l'on verroit par la ſuite de bons bois pour l'emploi dans la groſſe charpente.

Dans le Chêne on doit diſtinguer celui qui eſt propre à la charpente, de celui qui eſt propre à la menuiſerie ou à d'autres ouvrages.

On ne peut révoquer en doute que le terrein & l'expoſition n'influent ſur ſa qualité ; celui qui eſt le plus ruſtique, vient ordinairement dans les terreins pierreux & ſablonneux, c'eſt le plus propre à la charpente ; & le meilleur eſt ordinairement celui qui croît dans les Forêts le long des lizieres & au Levant ou au Nord ; mais particuliérement à cette derniere expoſition.

On coupe les bois pour la charpente, depuis l'âge de ſoixante ans juſqu'à deux cent ; mais il eſt bon de ne ſe ſervir pour les poutres & les poitraux que d'arbres de l'âge de cent-vingt juſqu'à cent-ſoixante. Avant le premier terme, ils ne ſont pas aſſez formés, & après le dernier, on court riſque de les trouver appauvris, & dégénérans en la nature de bois mort ſur pied.

C'eſt une choſe conſtante que pendant le cours de l'année l'arbre éprouve deux ſeves ; la premiere commence ordinairement en Avril, & la ſeconde en Août.

Il eſt certain que dans le bois abbattu, la ſeve eſt un germe de corruption ; on ne peut donc apporter trop de ſoin pour s'en garantir. Par la même raiſon, il eſt eſſentiel de ne point faire les coupes dans les tems où elle eſt en action.

Ce principe eſt avoué & reconnu par l'Ordonnance des Eaux & Forêts ; elle y a pourvû en conſéquence par ſes ſages Réglemens. Ne ſeroit-il pas permis cependant de déſirer que ces Réglemens ne fuſſent appliqués qu'aux taillis ? Et qu'à l'égard des futayes on n'en commençât la coupe qu'au 15 Décembre, pour la finir avec le mois de Janvier au plûtard.

Cerner l'arbre par le pied, & le réduire en pivot avant que de l'abbattre, est une pratique également inutile & dangereuse. Cela est prouvé par l'expérience, & par la connoissance de l'arbre dans sa mécanique.

Il faut aussi observer de ne point employer le bois trop verd. Il est nécessaire qu'il ait jetté son eau, reste d'une seve mal digérée. On ne peut fixer un tems certain du dessechement de cette seve. Cela dépend de la nature & de la contexture des parties de l'arbre, du plus ou moins de parties aqueuses qu'il renferme, relativement au terrein qui l'a nourri. Toutes circonstances qu'on ne peut peser & apprécier au juste, & dont les différences & les nuances varient à l'infini. Auſſi eſt-il plus prudent de ne ſe ſervir du bois de charpente que quatre ou cinq ans après ſa coupe.

Il ſeroit à ſouhaiter que le Gouvernement exigeât des Marchands qu'ils abbattiſſent exactement tout l'aubier dans les bois de charpente, & qu'ils l'équarriſſaſſent au vif. On pourroit même ordonner aux Gardes-Marteaux de marquer toutes les piéces de charpente à leurs deux extrémités, d'un fer chaud portant le numero de l'année des coupes.

Le bois flotté à propos eſt beaucoup ſupérieur en qualité à celui qui ne l'eſt pas, & il eſt plutôt en état de ſervice.

Pour conſerver, en attendant l'emploi, les bois deſtinés à la charpente, & leur faire acquérir le deſſechement ſouhaité, diſons même, la maturité néceſſaire ; on doit avoir ſoin de les placer ſous des angards, de ne les jamais poſer à crû ſur la terre, ni parfaitement de niveau, mais toujours ſur des chantiers diſtans les uns des autres, & plus élevés du côté de la cime que du côté de la ſouche.

Cette réflexion entraîne naturellement celle de la néceſſité, dans les conſtructions, de laiſſer les abouts des piéces à découvert, de ne les jamais entourer de plâtre, de mortier ou de ciment, matieres ſuſceptibles d'humidité, fermentatives & remplies de ſels brûlans & pernicieux.

Une autre ſuite de cette réflexion eſt la méthode de la refente des bois. On a par ce moyen un triple avantage ; facilité de deſſecher un reſtant de ſeve toujours préjudiciable, au moins l'égalité de force & de résistance, & enfin la connoissance parfaite de l'état & de la qualité des piéces à employer.

Il est même nécessaire de refendre dans les ventes, & avant que de mettre à flot, tous les arbres destinés à servir en poutres ou en poitraux.

Par cette précaution, l'intérieur de la piéce est visible, ses perfections & imperfections sont à découvert : on a une connoissance éxacte de la nature & de la qualité des bois, avant que de les employer; & l'on est assuré de n'avoir rien à rebuter, ni aucunes pertes à essuyer lors de l'emploi.

Ainsi, par cette refente, le cœur des bois, cette partie tendre, qui se vicie aisément, & qu'on doit regarder comme le centre & le foyer de la fermentation, sera endurcie par l'air, avant que d'être à flot, & sera plus efficacement dépouillée de ses sels & de ses souffres dangereux, après avoir été directement lavée & détrempée par le flottage.

Il n'y aura alors plus d'inquiétude, la fermentation étant arrêtée dès son origine. Ainsi, en coupant le saucisson, on prévient l'effet de la mine, & le danger s'évanouit.

Enfin, le moyen le plus certain d'assurer la bonté des bois destinés à la charpente, est l'écorcement des arbres deux ans avant l'exploitation.

Telles sont nos réflexions puisées dans l'examen le plus scrupuleux de la nature des bois, dans les Auteurs les plus connus, dans les raiſonnemens mathématiques de la Phyſique expérimentale, & dans les obſervations d'une pratique éclairée.

L'exécution en paroîtra peut-être d'autant plus difficile qu'elle éxige le concours de bien des perſonnes. Mais le ſage miniſtere nous a fait connoître ſes vûes, & ſa prudence ſurmontera aiſément tout obſtacle.

Heureux ſi ayant connu les cauſes, & ayant apporté tous nos ſoins pour en combiner les effets, nous avons pû remplir les vœux du Gouvernement, & contribuer en quelque choſe à l'avantage de la Société.

LETTRE

De M. PARIS DU VERNEY, à M. POIRIN, Syndic de la Compagnie des Architectes-Experts, après la réception du Mémoire.

J'AI différé, Monſieur, les remercimens que l'Ecole Royale Militaire doit à votre Compagnie, & à vous en particulier, qu'autant de tems qu'il en a fallu pour lire avec l'attention qu'il mérite, le Mémoire que vous m'avez fait l'honneur de m'adreſſer le 26 du mois dernier. Ce Mémoire a paſſé ſucceſſivement par les mains des différens Officiers qui compoſent le Conſeil de l'Hôtel. Tous rendent hommage à vos lumieres, à vos connoiſſances, à votre expérience; &, en applaudiſſant à votre zéle, ils ſont très-diſpoſés à en faire, autant que cela dépendra d'eux, le profit de la Maiſon dont l'adminiſtration leur eſt confiée. Mais, Monſieur, le mal auquel nous vous avons demandé le reméde, n'eſt pas concentré dans cette Maiſon, il eſt, pour ainſi dire, général; & vous auriez peut-être à vous en reprocher les progrès, ſi vous ne rendiez pas public, par l'impreſſion, l'ouvrage utile que nous devons à vos ſoins; il eſt fait pour exciter l'émulation parmi les gens de l'art, & pour éclairer ceux qui n'en ſont pas. Si dans la claſſe des premiers, vous rencontrez des contradicteurs, il peut naître de cette contradiction même, de nouvelles lumieres, dont on vous aura toute l'obligation. Nous ne pouvons donc aſſez vous exhorter à ouvrir cette Carriere. A qui conviendroit-il mieux, qu'à votre Compagnie, de s'y montrer la premiere ? La sûreté publique est dans ses mains. C'est sur ses rapports que nos Tribunaux se décident, & répriment par leurs Jugemens, les malversations & les abus qui leur sont déférés. Elle est donc plus compétente qu'aucune autre sur la matiere dont il s'agit ; & j'ose dire qu'elle manqueroit autant à son institution, qu'à la confiance que le Public a en elle, si elle n'en paroissoit pas sérieusement occupée. Tel est le vœu dont le Conseil de l'Hôtel croit devoir accompagner l'expression de sa reconnoissance.

J'ai l'honneur d'être, avec le même sentiment,

Monsieur,

Votre très-humble & très-obéissant serviteur. *Signé*, PARIS DU VERNEY.

Ce 7 Novembre 1762.

PAGINATION DECALEE

Fautes à corriger.

Page 23, *ligne* 8, *lisez* boulonnant *au lieu de* boutonnant.

Page 38, *ligne* 9, *lisez* sarcler *au lieu de* sacler.

Page 83, *ligne* 4, *lisez* emporté *au lieu de* emportée.

Même page, *ligne* 17, *lisez* que la poutre ait porté *au lieu* que la poutre aye porté.

Page 89, *ligne* 17, *lisez* à laquelle *au lieu de* auxquelles.

APPROBATION.

J'AI lû, par ordre de Monſeigneur le Chancelier, un Manuſcrit intitulé, *Diſſertation ſur les Bois de Charpente*. L'examen qu'on y fait de la cauſe qui a pû faire dépérir ſi promptement les bois employés à Verſailles, à la Chambre des Comptes, à l'Ecole Militaire &c. & les moyens qu'on indique pour tâcher de les prévenir, ne peuvent être que très-utiles au Public; & je crois l'Ouvrage digne d'être imprimé. A Paris, ce 6 Décembre 1762.

DEPARCIEUX.

PRIVILEGE DU ROI.

LOUIS, par la grace de Dieu, Roi de France & de Navarre; A nos amés & féaux Conſeillers, les Gens tenans nos Cours de Parlement, Maîtres des Requêtes ordinaires de notre Hôtel, Grand-Conſeil,

Prévôt de Paris, Baillifs, Sénéchaux, leurs Lieutenans Civils, & autres nos Justiciers qu'il appartiendra; SALUT. Notre amé FRANÇOIS-JOACHIM BABUTY fils, Libraire à Paris, Nous a fait exposer qu'il désireroit faire imprimer & donner au Public, un Ouvrage qui a pour Titre : *Dissertation sur les bois de charpente*; S'il Nous plaisoit lui accorder nos Lettres de Permission pour ce nécessaires : A CES CAUSES, voulant favorablement traiter l'Exposant, Nous lui avons permis & permettons, par ces Présentes, de faire imprimer ledit Ouvrage, autant de fois que bon lui semblera; & de le vendre, faire vendre & débiter par tout notre Royaume, pendant le tems de trois années consécutives, à compter du jour de la date des Présentes; Faisons défenses à tous Imprimeurs, Libraires & autres personnes, de quelque qualité & condition qu'elles soient, d'en introduire d'Impression étrangere dans aucun Lieu de notre Obéissance : A la charge que ces Présentes seront enregistrées tout au long sur le Registre de la Communauté des Imprimeurs & Libraires de Paris, dans trois mois de la date d'icelles; que l'impression dudit Ouvrage sera faite dans notre Royaume & non ailleurs, en bon papier & beaux caractères, conformément à la feuille imprimée, attachée pour modèle sous le contre-scel des Présentes; que l'Impétrant se conformera en tout aux Réglemens de la Librairie, & notamment à celui du 10 Avril 1725; qu'avant de l'expofer en vente, le Manufcrit qui aura fervi de Copie à l'impreffion dudit Ouvrage, fera remis dans le même état où l'Approbation y aura été donnée, ès mains de notre très-cher & féal Chevalier, Chancelier de France, le Sieur DE LAMOIGNON; & qu'il en fera enfuite remis deux Exemplaires dans notre Bibliothéque publique, un dans celle de notre Château du Louvre, un dans celle dudit Sieur DE LAMOIGNON, & un dans celle de notre très-cher & féal Chevalier, Garde des Sceaux de France, le Sieur FEYDEAU DE BROU: le tout à peine de nullité des Préfentes. Du contenu defquelles, vous mandons & enjoignons de faire jouir ledit Sieur Expofant & fes Ayans caufes pleinement & paifiblement, fans fouffrir qu'il leur foit fait aucun trouble ou empêchement; Voulons qu'à la Copie des Préfentes, qui fera imprimée tout au long au commencement ou à la fin dudit Ouvrage, foi foit ajoutée comme à l'Original. Commandons au premier notre Huiffier ou Sergent fur ce requis, de faire, pour l'exécution d'icelles, tous actes requis & néceffaires, fans demander autre permiffion; & nonobftant clameur de Haro, Charte Normande, & Lettres à ce contraires; car tel eft notre plaifir. Donné à Paris, le douziéme jour du mois de Janvier, l'an de grace mil ſept cent ſoixante-trois, & de notre Règne le quarante-huitiéme. Par le Roi en ſon Conſeil.

LEBEGUE.

Regiſtré ſur le Regiſtre XV. de la Chambre Royale & Syndicale des Libraires & Imprimeurs de Paris, N°. 886, fol. 368, conformément au Réglement de 1723. A Paris ce 19 Janvier 1763.

LE CLERC, *Adjoint.*

www.ingramcontent.com/pod-product-compliance
Ingram Content Group UK Ltd.
Pitfield, Milton Keynes, MK11 3LW, UK
UKHW031918260826
14628UKWH00003B/1262

9 782014 437751